La hija del Ideal Andaluz

FUNDACIÓN BLAS INFANTE

La hija del Ideal Andaluz

Homenaje a María de los Ángeles Infante

ALMUZARA

Primera edición: junio de 2025

Editorial Almuzara • Colección Andalucía
Editora: Rosa García Perea
Maquetación: Miguel Andréu

www.editorialalmuzara.com
pedidos@almuzaralibros.com - info@almuzaralibros.com

Editorial Almuzara
Parque Logístico de Córdoba. Ctra. Palma del Río, km 4
C/8, Nave L2, nº 3. 14005 - Córdoba

Imprime: Liberdigital
ISBN: 978-84-10528-44-4
Depósito: CO-1045-2025
Hecho e impreso en España - *Made and printed in Spain*

Índice

Javier Delmás y María de los Ángeles Infante

PRESENTACIÓN

Javier Delmás Infante
Presidente de la Fundación Blas Infante

Quiero empezar recordando aquellos maravillosos años de nuestra infancia en El Recreo, como así conocíamos en el ámbito familiar La Casa de la Alegría, la casa que nuestro abuelo mandó construir en Coria del Río, tras ser destinado a la notaría de esta localidad y de donde lo sacaron aquel fatídico 2 de agosto de 1936, para no volver nunca jamás. Precisamente el día en que

María de los Ángeles, la segunda de las hijas de Blas Infante que aún no había cumplido seis años celebraba su onomástica acompañada de otros chavales. A pesar de esa temprana edad, quedó marcada de por vida al ser testigo de excepción de la brutal agresión a su padre y por ello no volvió nunca más a celebrar su onomástica el día 2 de agosto.

Tras la muerte de la abuela Angustias en 1954, quedan en El Recreo tres de sus hijos: María de los Ángeles, Blas y Alegría. Luisa, la hija mayor, años atrás había fijado su residencia en La Puebla del Río, junto a su marido Francisco Navarro y los dos hijos del matrimonio: María Luisa y Paco. Para que la casa y el resto de los terrenos que la circundaban tuviesen mayor protección, María de los Ángeles adelanta su boda con el industrial coriano Francisco Delmás, con lo que el nuevo matrimonio fija su residencia en El Recreo, donde nacerán sus tres hijos: Javier, Alejandro y María de los Ángeles. El domicilio familiar queda compartido con Luis Blas, hasta su exilio voluntario en Ámsterdam en 1963, y Alegría, que en 1962 se establece en Lora del Río, tras contraer matrimonio con Nicomedes Naranjo, unión de la que nacerán tres hijos: Angustias, María Jesús y

Estanislao, completando así los ocho nietos de Blas Infante y Angustias García Parias. Les puedo asegurar, como dije al principio, que aquellos años serían de una gran felicidad. No puedo olvidar la dedicación plena de Juana Rocha Villegas al mantenimiento de la casa y de Juan Bizcocho Hurtado, quien se encargaba de tener el resto de la finca como un auténtico vergel.

Todos estos felicísimos años finalizan en el verano de 1967, con el prematuro fallecimiento de mi padre a los cuarenta y un años tras penosa y muy cruel enfermedad, quedando María de los Ángeles viuda a los treinta y seis años en una muy precaria situación económica, teniendo que abandonar el Recreo, para trasladarse a Sevilla, a un modesto piso, donde además tuvo que albergar a estudiantes que la pudiesen ayudar a mitigar la muy depauperada economía familiar.

Igualmente, y por esta misma razón, comienza su actividad profesional como esteticista. Os puedo asegurar que nunca vi trabajar a nadie con tanta insistencia y tan afanosamente: todas las horas eran pocas; y, con lo conseguido como fruto de su esfuerzo, logramos salir de aquel atolladero.

Coincide su apogeo profesional —llegó a tener un prestigio profesional importante— con la recuperación del legado, de la vida y de la obra de su padre a partir de los primeros años setenta, tras casi cuarenta años de silencio, desprecio y marginación, sobre todo sufridos por su viuda Angustias García Parias. La figura de Blas Infante empieza a interesar al pueblo andaluz, que mayoritariamente desconocía su obra de forma absoluta. Esta nueva realidad hace que María de los Ángeles compagine su actividad laboral con una gran dedicación a propagar el conocimiento de la figura y obra de su padre. Son constantes los viajes por toda Andalucía y Casas de Andalucía en otras comunidades, para visitar centros culturales, asociaciones de vecinos, colegios, algún centro penitenciario y otras entidades, para dar conferencias, inaugurar monumentos, calles y plazas, y otros actos para honrar la figura de Blas Infante. A quien les habla le cupo el honor de ser su permanente acompañante en la mayoría de estas actividades. Debo confesar que, sin sospecharlo, todo el conocimiento que junto a ella asumí me sirve hoy como presidente de esta fundación para continuar con esa labor de entrega, iniciada por María de los Ángeles, en busca de una Andalucía donde todos quepan y por supuesto ayudar en lo posible a que Blas Infante estuviera en el corazón de todos los andaluces.

Siempre humana y generosa, debo recordar también su entrega ilimitada y su gran aportación a los grandes hitos que marcan el proceso autonómico andaluz. Recuerdo su gran emoción con la primera izada de la bandera andaluza, en la portada de la antigua feria de muestras, creo recordar que era 1975, también en el Ayuntamiento de Sevilla, allá por 1976. Su implicación en la manifestación del 4 de diciembre de 1977, su profunda indignación por los agravios sufridos en el referéndum del 28 de febrero de 1980, su no parar hasta ver aprobado el estatuto de autonomía para Andalucía en octubre de 1981, su ilusión desbordada en la constitución de la Fundación Blas Infante en enero de 1983 y finalmente en el reconocimiento de Blas Infante como padre de la patria andaluza en sesión plenaria del Parlamento de Andalucía el día 14 de abril de 1983.

Voy finalizando y, tal como os he informado de las fatales consecuencias derivadas de las prematuras muertes de su padre y de su marido, todavía faltaba algo más en el devenir de la vida de esta mujer extraordinariamente fuerte: el 28 de junio de 2007 fallece su hija María de los Ángeles, la menor de sus hijos, tras una muy cruel enfermedad. Estoy en condiciones de afirmar que esta trágica desaparición y la venida a menos de su actividad profesional —que tanto amaba, pues jamás contempló el abandono de su trabajo y no cesó en él hasta que tuvo ochenta y cinco años— marcaron el inicio de su declive físico y también personal, que concluyen con su muerte el pasado 4 de abril.

Una vida, una educación, una honestidad, una forma de proceder, una coherencia, una generosidad y una nobleza muy difíciles de repetir.

Esta tarde, desde aquí, desde su fundación, le envío donde quiera que esté mi recuerdo más emocionado y el beso más fuerte de que soy capaz.

Muchas gracias.

Estas fueron las palabras que pronuncié en el acto de homenaje a mi madre, María de los Ángeles Infante, que el Patronato de la

Fundación Blas Infante acordó que se celebrara el 4 de junio de 2024, dos meses después de su fallecimiento. Allí cada patrono de la Fundación pronunció unas palabras en las que manifestaba su cariño y su admiración por María de los Ángeles Infante, resaltando su entrega a la custodia del legado de su padre, Blas Infante, y al cuidado que prestó a que se pudiera conocer su vida y su obra. Destacando también los patronos el empeño de mi madre en mantener la figura de Blas Infante y la Fundación al margen de manipulaciones y utilizaciones partidistas y partidarias. Quiero agradecer a los miembros del Patronato las sentidas palabras allí pronunciadas, que ahora se recogen en este libro publicado por Almuzara, a la que agradezco también el esmero y el cariño que ha puesto en su edición.

María del Mar Calderón, María de los Ángeles Infante y Pedro Ruiz Bermejo

INTEGRIDAD, DIGNIDAD E INDEPENDENCIA

María del Mar Calderón
Vicepresidenta de la Fundación Blas Infante

En algunos pueblos de Andalucía hay una hermosa tradición. Al fallecimiento de una persona, transcurridos unos días, sus familiares y amigos se reúnen para tomar un vino y hablar de las cualidades del difunto. Se conoce como «echar las honras al muerto».

Algo similar hacemos hoy recordando a María de los Ángeles, presidenta de esta fundación durante cuarenta años desde su constitución. María de los Ángeles, hija de Blas Infante, no tuvo una vida fácil. Desde pequeña, diversos dramas familiares, que comenzaron con el asesinato de su padre, la acompañaron en su trayectoria vital.

Se impuso la titánica tarea de reivindicar la figura de su padre, darlo a conocer y divulgar su pensamiento y obra, y a tal fin en 1983 se constituye la Fundación Blas Infante, cuya presidencia ha ostentado hasta su muerte.

A esta ingente obra ha dedicado toda su vida, prestando su voz a las ideas de Blas Infante, recorriendo la geografía andaluza y acudiendo siempre adonde la llamaban con este fin.

Me gustaría destacar algunos rasgos de su personalidad:

—La integridad, pues ha sido una persona honesta, congruente y firme en sus acciones, lo cual generó una gran confianza en su mensaje.

—La dignidad; persona noble y honorable caracterizada por una elegancia natural.

—Su fuerte sentido de la independencia, del que hizo gala en todo momento, incluso en aquellos más difíciles que atravesó la Fundación y que bien conocemos los patronos, sin que cediera a presiones externas ni a intromisiones en la tarea a desarrollar por la Fundación.

Una gran generosidad la hizo, con la lucidez que siempre tuvo, ir cediendo el testigo de la Fundación, cuando la edad la fue limitando, a su hijo Javier y a los patronos de la misma, sin que la abandonaran la bondad y la alegría que siempre tuvo.

Esta herencia, así como el ejemplo que nos deja a los patronos, la llevaremos adelante sin vacilaciones, teniéndola como guía para preservar el legado de Blas Infante en defensa de la plena autonomía andaluza.

José María García León y María de los Ángeles Infante

MI TESTIMONIO DE UNA MUJER EJEMPLAR

José María García León
Secretario de la Fundación Blas Infante

Conocí a María Ángeles Infante en aquel congreso sobre andalucismo histórico celebrado en Granada a mediados de septiembre de 1987. Debo confesar mi primera impresión al verla, grata pero sorpresiva, al encontrarme con una mujer, joven aún, de pelo rubio y tez muy blanca, que se manejaba en aquellas sesiones con gran desenvoltura y una dignidad innata. La explicación de esa primera sorpresa se debía al hecho de que las fotografías, que, como casi todos nosotros, guardábamos en nuestra memoria sobre su padre, Blas Infante, respondían a un hombre más bien moreno y de marcadas facciones «andaluzas», todo ello acentuado, naturalmente, por el blanco y negro de la época.

Poco tiempo después empecé a formar parte, como patrono, de nuestra fundación, de la que María Ángeles se había hecho cargo como presidenta nada más comenzar su andadura un 21 de enero de 1983. Por entonces, apenas acabada la Transición, se atravesaba por unos momentos en los que, no ya la obra de Blas Infante, sino su vida, su propia existencia, eran prácticamente desconocidas para la gran mayoría de los andaluces. Había que empezar, como así se hizo, prácticamente de mínimos, pero, eso sí, con gran tenacidad, entusiasmo y, por qué no decirlo, cierto desinhibido arrojo ante lo que se consideraba una obligación ineludible. Sobre todo, porque ya Andalucía había dado dos grandes muestras que se nos antojaban altamente esperanzadoras, como fueron la histórica manifestación del 4 de diciembre de 1977 y el referéndum del 28 de febrero de 1982.

También eran momentos en que, aunque sin ninguna relación con nuestra fundación, que siempre ha llevado a gala evitar cualquier tipo de connotación política, empezaba a aflorar un cierto andalucismo que buscaba alcanzar su traslación política, así como, también, el contar en el seno del Gobierno de Andalucía con la comprensión y apoyo de su presidente, Rafael Escuredo.

Mis primeros recuerdos de aquellos años forzosamente tienen que dirigirse también a una serie de personas cuyos nombres —muchos ya no están entre nosotros— no cito por temor a una involuntaria omisión, tan injusta como imperdonable. Con todo, séame permitido nombrar a tres hombres a los que siempre consideré como pilares básicos en la Fundación: Manuel Clavero Arévalo, Juan Antonio Lacomba y Pedro Ruiz Berdejo. Mi admiración y respeto hacia ellos.

El incontestable liderazgo de María Ángeles Infante se tradujo siempre bajo la forma de una labor en la que su talante afectuoso, comprensivo y generoso, pero enérgico a la vez, fue dejando una huella imborrable que ha permanecido hasta hoy. Más que un liderazgo propiamente dicho, lo que constantemente vimos en ella fue una indiscutible autoridad moral, adornada de un carácter conciliador y a la vez pragmático para con todos. Respetuosa siempre —nunca le vi ningún mal gesto con nadie—, este proceder, tan suyo, hizo posible que la Fundación fuera adquiriendo cada vez mayor prestigio y reconocimiento por parte de todos.

Los fines de aquella fundación quedaron muy claros desde el principio hasta hoy. Y no eran otros que el estudio de la vida, obra y pensamiento de Blas Infante, el conocimiento del «ideal andaluz» y la proyección de su devenir en aquellos congresos sobre andalucismo histórico, de los que fueron testigos y entusiastas partícipes, a la vez, todas las provincias andaluzas. Por supuesto, la difusión de la cultura andaluza como razón de ser de la propia identidad de un pueblo como el nuestro.

Con todo, la Fundación también ha pasado por momentos difíciles, con etapas de estreches, así como por los crueles reveses personales que la vida impone. Para nuestra satisfacción y orgullo, siempre se ha tratado de superarlos con la cabeza bien alta y, en las cuestiones personales, con una entereza y resignación que todavía resultan más encomiables. ¿Verdad, María Ángeles?

A ti van dedicadas estas líneas, breves, porque así lo dicta la lógica de esta publicación, pero sentidas y emotivas hacia tu figura, con la satisfacción de ver cómo tu legado sigue en pie.

Francisco Casero, a la izquierda de
María de los Ángeles Infante

LA SONRISA DE LA DIGNIDAD

Francisco Casero Rodríguez

Mi primer contacto con Blas Infante fue en Menorca, donde mis padres fueron como emigrantes a principio de los sesenta, como muchos otros andaluces que tuvieron la tristeza de tener que abandonar su tierra. Y es allí donde empiezo a sentir la necesidad de regresar a Andalucía, a interesarme por las condiciones de vida de los jornaleros y a tener constancia de la figura de Blas Infante, haciendo que yo volviera en 1973, abandonando la isla que tan bien nos había acogido, dejando familia y amigos, para empezando desde cero, implicarme en la defensa de la gente del campo —sin serlo yo mismo—, de la democracia y Andalucía, a través de la semilla de las Comisiones Jornaleras, fundar en 1976 el Sindicato Obrero del Campo (SOC) en Antequera. Desde el primer momento, la bandera de Andalucía siempre estuvo presente, y siendo la figura de Blas Infante un referente obligado para nosotros.

Mi encuentro con la familia Infante comienza en 1981, cuando recibí el Premio Internacional Memorial Juan XXIII otorgado por el Instituto Víctor Seix de Polemología de Barcelona. Un reconocimiento que llegó a oídos de María Luisa Infante, hermana de María de los Ángeles, que me invitó a la Casa de la Alegría, donde nos conocimos en un almuerzo que recuerdo con gran gratitud, y a Paco Navarro Infante, su sobrino, que ya despuntaba en su interés por el agro y la producción ecológica de Andalucía. Gran emoción sentí cuando me mostraron la bandera andaluza de Blas Infante que tenían custodiada, gracias a lo cual se ha conservado.

Durante la comida, hablando de su familia, aprendí que María de los Ángeles era

«Hermanita», y que sus sobrinos le llamaban «Mamaura», como segunda madre. Las bromas de ponerle gusanos, a los que tenía mucho miedo, eran travesura recurrente de su sobrino Paco, como confesó durante el postre.

Cabe destacar que fue la primera mujer de La Puebla del Río y Coria del Río que se sacó el carné de conducir, en aquellos años sesenta, todo un acontecimiento social por esos lares. Era muy estudiosa, inteligente y ávida de aprender; sin embargo, el no aprobar el selectivo, que se había preparado concienzudamente, por ser mujer se convirtió en otra injusticia más de su vida. Muy amiga de María de los Ángeles era Mercedes Cubero, catedrática de Física de la Universidad de Sevilla, con conversaciones muy enriquecedoras por ambas partes. Hasta tal punto el destino las unió que a su padre lo fusilaron también, en este caso en la plaza de toros de Badajoz.

Muy elegante, podía estar cuidando detalles estéticos durante largo tiempo delante del espejo o de las ventanas de la Casa de la Alegría, donde se la veía disfrutando, era el principio de las prácticas del centro de estética que posteriormente fundó en Los Remedios

—estaba muy orgullosa de haber maquillado a la mujer de Paco Navarro Infante, el día de su boda en Córdoba—, y que permitió sacar adelante a sus tres hijos —María, Javier y Alejandro— tras el fallecimiento de su marido Curro Delmás Japón, incluso teniendo que alquilar habitaciones para estudiantes en su casa de Sevilla. Muy triste fue tener que vivir la pérdida de su hija María.

Recuerdo a mediados de los años setenta, con unos amigos entre los que se encontraba Julián Cosano García de Casariche, unos días antes del 10 de agosto, limpiábamos el kilómetro cuatro de la carretera de Carmona, lugar del asesinato de Blas Infante, reivindicando su lugar en la memoria histórica de Andalucía. El PSA en aquellos tiempos inició la conmemoración de su figura en el día de su fusilamiento, siendo asumida posteriormente con la creación de la Fundación Blas Infante la organización oficial de dicha efeméride. Muchas mañanas, ese mismo día durante años, aguantando un sol de justicia, acompañábamos a la Presidenta de la Fundación, en el reconocimiento al padre de la patria andaluza.

La bandera blanca y verde siempre me ha acompañado, como signo de libertad, y esa fuerza interior que te da el hacer lo que crees me hizo tener su amistad sincera. Es para mí un honor ser patrono de la Fundación Blas Infante, que ha presidido desde los inicios María de los Ángeles y que actualmente preside su hijo Javier. Mi reconocimiento por toda su entrega todos estos años, no solo a la figura de su padre, sino a todo lo que ha representado para Andalucía el legado de Blas Infante, y la recordaré siempre con una sonrisa.

Concha Cobreros, junto a María de los Ángeles Infante

DELICADEZA, FUERZA Y APLOMO

Concha Cobreros

Conocí a María de los Ángeles Infante a finales de los años setenta. Era por entonces una espléndida mujer que dirigía un salón de belleza propio, con el que defendía su independencia económica y al que yo había acompañado alguna vez a mi madre. Su imagen, su saber estar y su discreta hermosura me impactaron.

El primer reclamo de aquel establecimiento era la propia piel de María de los Ángeles, transparente y delicada, como sus manos y como ella misma. El segundo, su sonrisa amable y su mirada de miel. El tercero, la confianza que transmitía, su aplomo.

Ya se intuían en ella fortaleza y seguridad, pero nada hacía suponer que detrás de aquella mujer de formas suaves y afables había unos arrestos y una capacidad de poner pie en pared cuando hacía falta como los que ella poseía.

María Ángeles tenía un verbo sencillo y un mensaje claro y directo. Aunque solo era una niña de seis años cuando murió su padre —no sería la única tremenda muerte que le tocó afrontar—, fue la defensora primera de su legado, del legado de Blas Infante. Llevó siempre clavadas en el alma las últimas palabras de su padre, que otros le contaron, y todas y cada una de las páginas que este había dejado escritas. Su pasión me conquistó.

Cuando se empezó a gestar la idea de la Fundación Blas Infante, yo, recién terminada la carrera en Madrid, en la Complutense —en la que había vivido los duros años del final de la dictadura y el posfranquismo—, no tenía más méritos que una fuerte ilusión por el despegue y la reivindicación de nuestra propia identidad andaluza: nuestra lengua, nuestros símbolos, nuestras costumbres y la necesidad de decidir nuestro futuro dentro del proyecto común de España.

Mi trabajo en la *Gran Enciclopedia de Andalucía* y en otros trabajos paralelos me había puesto en contacto con el mundo cultural y político andaluz. Y, cuando María Ángeles y Pedro me ofrecieron entrar a formar parte de la Fundación Blas Infante, me sentí muy honrada y emocionada. Me tocó ser la tesorera de la Fundación, con María Ángeles en la presidencia, Pedro Ruiz Berdejo en la vicepresidencia y un amplio elenco de personalidades del mundo cultural y político en el resto del patronato.

En estos cuarenta y dos años, tan velozmente pasados, he tenido momentos de más actividad que otros. Pero siempre me he sentido y me siento muy orgullosa de haber sido miembro fundador de la Fundación Blas Infante.

Nunca olvidaré la emoción con la que tantas veces le he oído citar a María Ángeles aquel párrafo del *Ideal Andaluz* que nos rasga a todos el alma: «Yo tengo clavada en la conciencia desde mi infancia, la visión sombría del jornalero. Yo he visto pasear su hambre por las calles del pueblo, confundiendo su agonía con la agonía triste de las tardes invernales». Ni la fuerza con la que repetía las que fueron las últimas palabras de su padre: «¡Viva Andalucía libre!».

Juan Antonio Lacomba y Manuel Delgado

COMPROMISO CON EL PUEBLO ANDALUZ

Manuel Delgado Cabeza

María de los Ángeles Infante tuvo un padre tardío. Cuando nació su primera hija, Luisa, Blas Infante tenía ya cuarenta y tres años; cuando María de los Ángeles vino al mundo, su padre había cumplido los cuarenta y siete. Parece como si hubiera estado esperando esa madurez que podría identificarse con el período de recogimiento que había vivido en Isla Cristina, donde culminó una etapa muy fecunda de su vida con textos en los que expresó su amor hacia la naturaleza y hacia todo lo creado y sus ideas sobre una espiritualidad que propuso como uno de los cinco ejes de su proyecto político para Andalucía.

En 1928, Blas Infante, durante los meses del primer embarazo de Angustias García Parias, escribió algo referido a la paternidad que, visto ahora, podría parecer premonitorio: «Tengo la evidencia de que solo viviendo la verdad continuaremos alentando gracias a la vida de nuestros hijos». Como casi siempre, iban a ser las mujeres las que, poniendo los cuidados en el centro de sus vidas, procuraron que la memoria, el pensamiento y la obra de Blas Infante tuvieran continuidad.

María de los Ángeles, como si hubiera sentido como un mandato esa declaración de su padre, dedicó su vida, por amor a él y por convicción propia, a que Blas Infante haya podido alentar, tomar vigor entre nosotros, custodiando y cuidando el tesoro de su verdad, de su recuerdo, de su pensamiento y de su obra. Desde su condición como hija de aquel entorno y como mujer andaluza; desde una intuición y una sabiduría que con esos mimbres traía ya de fábrica y de la que los que hemos tenido la suerte de conocerla hemos sido testigos tantas veces.

Con esa brújula afrontó las dificultades de su vida familiar, que no fueron pocas ni pequeñas, enviudando muy pronto y teniendo que sacar adelante con su trabajo a sus tres hijos y afrontar la muerte de su hija María de los Ángeles. Y desde esa sabiduría asumió también la presidencia de la Fundación Blas Infante cuando esta fue creada en 1983. Cuando eran muy pocas las mujeres en cargos de esa responsabilidad. Bajo su presidencia, la Fundación, por razones ajenas a la misma, atravesó momentos difíciles en alguno de los cuales vimos incluso peligrar su continuidad; y ahí estuvo ella siempre para dar aliento y ejemplo de firmeza, de coraje y de convicción, para que la tarea de la Fundación dando a conocer y difundiendo el legado de su padre pudiera seguir adelante; en medio de un contexto en el que el pensamiento de Blas Infante continúa siendo desconocido para la gran mayoría de los andaluces más de cuarenta años después de que el Parlamento Andaluz lo proclamara «padre de la patria andaluza».

Un legado, el de Blas Infante, que María Ángeles siempre tuvo claro que tiene como destinatario al pueblo andaluz, a cuya liberación su padre dedicó su vida, y por eso ella, con las formas más amables y respetuosas, pero con la máxima firmeza, siempre trató de mantener esa herencia lejos de posibles utilizaciones y manipulaciones partidarias o partidistas. También Mariángeles fue plenamente consciente de la actualidad de la obra de Blas Infante, de su vigencia como herramienta política para la necesaria transformación de Andalucía. María de los Ángeles Infante será para nosotros siempre una referencia, un ejemplo de coherencia, de compromiso, de generosidad, de entrega y, sobre todo, de amor a su pueblo, de amor al pueblo andaluz como forma de amar y de comprometerse con todos los pueblos del mundo.

Javier Escalera y María de los Ángeles Infante

SIEMPRE NOS ILUMINARÁ SU MIRADA AZUL

Javier Escalera

Mi relación personal con María de los Ángeles no fue amplia. Se vio limitada a las charlas informales que pude mantener con ella con motivo de mi participación en actos como la entrega del Premio Memorial Blas Infante, el 10 de agosto ante el monumento a su memoria en conmemoración de su fusilamiento en el kilómetro cuatro de la carretera de Carmona, o los congresos organizados por la Fundación.

En todas esas ocasiones, una impresión se me quedó grabada hasta el día de hoy: la que me provocaba su mirada azul. Una mirada que, junto con la bondad que traslucía, siempre me transmitía una profunda tristeza. Impresión que me trasladaba a aquella terrible tarde del 2 de agosto, en plena celebración de su onomástica y en vísperas de su sexto cumpleaños, en que fuera arrancada de los brazos de su padre por un grupo de energúmenos facciosos cegados por el odio a un hombre bueno y a lo que representaba. Experiencia que le dejó una profunda e imborrable marca en su alma para el resto de sus días, hasta el punto de no volver nunca más a celebrar la festividad de la advocación de su nombre.

Pero esa mirada también reflejaba una gran fuerza y determinación para reivindicar la figura, el pensamiento y la obra de su padre. Por encima del miedo paralizante y memoricida que el terror franquista infundió en la gran mayoría de la población andaluza, María de los Ángeles, asumiendo en primera persona la misión de su familia, nunca dejó de defender la memoria de su padre, a pesar de los costes personales que ello le causara.

De manera particular o, a partir del año 1983, como presidenta de la fundación que lleva el nombre de Don Blas, siempre estuvo en la primera línea por la restitución del honor y la dignidad que le fueran criminalmente arrebatados a su padre, por la recuperación y difusión de su patrimonio material e intelectual, hoy en buena parte compartido con el conjunto de la ciudadanía andaluza, por la difusión, revalorización y actualización de su pensamiento y su obra, fundamentales para la extensión de la conciencia de pueblo.

En esta tarea siempre nos iluminará su mirada azul.

Rafael Escuredo y María de los Ángeles Infante

ABSOLUTA Y APASIONADA ENTREGA

Rafael Escuredo Rodríguez

María de los Ángeles Infante fue de las primeras que acudió al Pabellón Real, entonces sede de la Junta Preautonómica, a testimoniar su apoyo a la huelga de hambre que iniciamos para manifestar nuestra indignación ante los atropellos que el Gobierno de la nación estaba perpetrando contra la voluntad, ya manifestada por los ayuntamientos andaluces, de conquistar una autonomía de primer grado, como la que se había dispuesto para las nacionalidades históricas. María llegó con su hermana mayor, Luisa, que había dedicado su vida a cuidar el patrimonio material de Blas Infante, la casa que construyó en Coria, sus manuscritos, sus libros, su memoria y su bandera, la que lo acompañó toda su vida y que permanecía intacta, guardada celosamente en urna de cristal, de la que salió para encabezar en Sevilla la manifestación del 4 de diciembre. Luisa y María de los Ángeles trajeron esa bandera y la dejaron bajo la custodia de la Junta mientras durase aquella huelga de hambre. Un gesto que yo agradecí profundamente, y con el que entendí que, de esa manera, las hijas de Blas Infante aportaban el aval que sabían que su padre habría otorgado a la lucha por una Andalucía autónoma, libre, justa y solidaria.

Siempre, a lo largo de aquellos años fundamentales para Andalucía, sentí el apoyo cercano y sincero de María, que fue quien asumió la representación de la familia, con absoluta y apasionada entrega. María de los Ángeles Infante renunció en buena parte a una vida propia para profesar con votos indelebles la fe en las ideas de su padre, lo que la llevó a un compromiso irrenunciable para que Andalucía supiera de su vida y de su obra por Andalucía.

María de los Ángeles encarnó casi físicamente el legado infantiano, que ella transmitía con tal convicción que calaba en las conciencias de todos los que la tratábamos. Blas Infante es el padre de la patria andaluza, como lo reconoce nuestro estatuto, por su vida ejemplar entregada a Andalucía hasta la muerte, que le llegó un 10 de agosto, en el que fue asesinado en la carretera de Carmona.

Acabaron con su vida, pero no con su obra, su mensaje y su legado. Creo que no exagero cuando afirmo que debemos en gran medida a María de los Ángeles que nos llegaran con nitidez y sin mancha alguna la obra de Blas Infante, su verdad y su fuerza para reivindicar sin complejos una Andalucía en pie de igualdad con otros territorios del Estado. Una Andalucía consciente de su tremenda riqueza, orgullosa de su cultura y rebelde ante cualquier intento de rebajar sus derechos.

María de los Ángeles fue un atajo para conocer de cerca el ideal de su padre, lo que fueron y significaron las juntas liberalistas, los centros andaluces, las acciones proestatuto que no llegaron a buen fin porque lo impidió la Guerra Civil.

El esfuerzo de María de los Ángeles acabó con más de cuarenta años de silencio injusto y cobarde impuesto en torno a la figura de su padre. Fue celosa para evitar cualquier manipulación interesada o partidaria, defendiendo siempre el interés superior de Andalucía. Desde la Junta promovimos la creación de la Fundación Blas Infante como instrumento para ayudar a ese empeño vital para una Andalucía que quería reencontrarse consigo misma. María de los Ángeles ha ejercido la presidencia de la Fundación hasta su muerte, en un admirable ejercicio de responsabilidad y entrega. Ahí está el resultado de su mandato.

He sentido profundamente la marcha de nuestra María de los Ángeles Infante. Imposible que su esfuerzo no fructifique. Ella se empeñó en que Andalucía tuviera como activo político histórico la figura de su padre. Y todos le estamos profundamente agradecidos. Siempre lo estaremos. Siempre se lo deberemos. Siempre en nuestra memoria.

Manuel Hijano, María de los Ángeles
Infante y Enma Martín

ESTÍMULO PARA SENTIR ANDALUCÍA

Manuel Hijano del Río

A mediados de los años ochenta, yo estudiaba cuarto curso de la licenciatura de Pedagogía o, como se denominaba en aquel momento, de Ciencias de la Educación. Contaba con veintitrés años. En aquellos momentos, votaba andalucista. Fruto de mi interés por Blas Infante, un día cayó en mis manos un artículo que trataba de los Centros Andaluces, escrito en la prensa malagueña. No recuerdo a su autor. En aquella licenciatura teníamos una asignatura denominada Historia de la Educación en España. Para aprobar debíamos redactar una investigación histórico-educativa sobre algún punto del temario. La catedrática encargada de la materia se llamaba Mercedes Vico Monteoliva.

Pensé en la posibilidad de presentar un trabajo sobre los Centros Andaluces. Se lo sugerí a Mercedes y accedió a esta petición, diríamos que especial, porque este tema no se tocaba en la asignatura. Me puse manos a la obra y, como partía de un total desconocimiento del asunto, tuve la idea de contactar con María de los Ángeles Infante. Busqué su número de teléfono —obviamente, el fijo—. Lo conseguí porque Telefónica tenía las guías en papel de todas las provincias en su sede principal, en Málaga. El 954 —había que marcar prefijo en aquellos años—, el 27, el noventa y tantos... Recuerdo aún aquel instante. Allí estaba yo, sentado en el salón de casa, con el teléfono en la mano. Mi padre y mi madre pendientes, porque su hijo iba a hablar con la hija de Blas Infante. Nada más y nada menos. Aquello no pasaba todos los días. Preveíamos que lo cogería su secretaría, o alguien que filtrara las llamadas. Eso pensábamos. Tras los pitidos correspondientes, sonó su voz:

—¿Diga?

—Por favor, querría hablar con María Ángeles Infante.

—Sí, soy yo —respondió.

Me puse tan nervioso, que colgué inmediatamente. No me lo esperaba.

Me quedé estupefacto. ¿Cómo iba a imaginar que María Ángeles, una persona tan importante, cogiera directamente el teléfono? Cuando logré recomponerme, la volví a llamar. Cogió el teléfono nuevamente, y le eché la culpa a Telefónica, que funcionaba muy mal y por eso se había cortado la línea. Luego ya pude hilar una conversación. Recuerdo que yo estaba especialmente obsesionado con la duda de si Primo de Rivera había cerrado o no los Centros Andaluces en 1923. Ella, muy afablemente, me dio los teléfonos de Ruiz Lagos, Lacomba e Iniesta, personas a las que pude consultar esta y muchas más dudas que sirvieron para terminar ese trabajo y, posteriormente, convertirlo en mi tesina de licenciatura.

A partir de aquella primera llamada, llegaron el III Congreso sobre el Andalucismo Histórico de Granada y los restantes, junto con más momentos, gracias a los cuales, María Ángeles se convirtió para mí en un referente y una ayuda. Supo alentar desde el primer momento a aquel joven universitario para profundizar en la figura de Infante. Aquel empuje inicial me proyectó hacia una vida «en andalucista» que todavía intento a duras penas sostener. Me ayudó a descubrir Andalucía de otra forma: con el sentimiento y el estudio.

Ella, con su enorme sencillez e inteligencia, supo dar forma a lo que representaba para Andalucía, de un modo sincero y honesto. No descubro nada nuevo al afirmar que su vida es testimonio de valor, determinación y amor incondicional por Andalucía.

Ella era Infante, pero no solo una de las hijas de este. Lo sabemos bien. María Ángeles fue ejemplo de inspiración andalucista por derecho propio: mujer con una conciencia de andaluza rebelde, luchadora y dignísima superviviente ante los envites de la vida, enfrentándose a los desafíos con una fuerza inquebrantable y ejerciendo de combativa ante las injusticias. Muchas gracias.

María de los Ángeles Infante e Isidoro Moreno

UNA ANDALUZA DE LUZ

Isidoro Moreno

Hace hoy dos meses murió María de los Ángeles Infante, la presidenta de nuestra fundación. Fue no solo hija de don Blas, sino también su albacea. Y, sobre todo, fue, por sí misma, una mujer de luz. Una mujer cuya vida estuvo cargada de dramatismo, pero también de dignidad, entereza y entusiasmo. Su padre fue asesinado cuando ella apenas había cumplido seis años. Solo tenía veinticuatro cuando falleció Angustias, su madre, y treinta y seis cuando enviudó. Trabajó muy duramente para sacar adelante a sus dos hijos y a su hija. Esta última, María, murió al cumplir los cuarenta cuando estaba consolidando su carrera de abogada.

A pesar de estos golpes terribles que le dio la vida, María Ángeles plantó cara a esta, desarrollando una muy sólida cultura de resistencia. La fuente de su fortaleza fue, sin duda, que tuvo muy claro un ideal permanente por el que luchar: el de mantener vivo y transmitir el legado de su padre. Un ideal que hizo avanzar a través de esta fundación, creada en 1983, durante las cuatro décadas de su presidencia, que se concreta en tres objetivos:

—El reconocimiento de la figura de Blas Infante.

—La profundización y difusión de su pensamiento.

—La aplicación de este a la Andalucía actual.

Tres objetivos siempre en un marco no negociable: el de la independencia de la Fundación respecto a partidos políticos e instituciones. Independencia que no ha significado ni significa aislamiento, sino colaboración libre y abierta en cuantas iniciativas se inscriban en alguno o varios de estos tres ejes.

En el primero de ellos, el del reconocimiento, se avanzó con rapidez. De ser casi un desconocido, en pocos años Blas Infante pasó a ser definido como «padre de la patria andaluza» y se rotularon con su nombre plazas, calles, colegios, institutos y hasta paradas de metro. Pero este avance en el reconocimiento, que supuso también su conversión en símbolo, no fue acompañado de un avance paralelo en el conocimiento y la difusión de su pensamiento. Y ello, porque este sigue siendo incómodo para la mayor parte de a quienes él llamaba «políticos de oficio», al ser un pensamiento revolucionario y organizador del andalucismo —para citar las dos acusaciones que merecieron la sentencia de muerte dictada contra él cuatro años después de su asesinato—. Con sus modestos medios, para paliar este grave déficit, la Fundación, bajo la presidencia de María Ángeles, ha organizado diecisiete congresos y numerosos ciclos de conferencias, convoca un premio anual de investigación y ha editado numerosos libros —en los últimos años, en colaboración con la Fundación Centro de Estudios Andaluces—. En este objetivo pienso que estamos en el buen camino, pero queda mucho por avanzar, sobre todo en la difusión. Y tanto o más tenemos pendiente en el tercer eje, el de la aplicación de lo esencial del pensamiento infantiano a nuestro presente. Algo necesario porque, aunque en muchos aspectos nuestra realidad sea distinta a la que él vivió, Andalucía continúa siendo objeto del extractivismo económico, cultural y político, y mantiene su papel dependiente y subordinado, como colonia interna del Estado español y ahora también de Europa. ¡Qué lejos seguimos estando de esa Andalucía libre por la que Infante luchó y murió!

Ya no contamos en el patronato de esta fundación con María Ángeles. Tampoco con Pedro Ruiz Berdejo, Manuel Clavero, Juan Antonio Lacomba, Salvador Távora o Manuel Herrera. Todos se fueron, pero yo diría que todos, hoy, nos acompañan. Yo tuve la suerte de trabajar con ellos desde mi incorporación al patronato, allá por los años noventa del pasado siglo. Hoy, el mejor regalo que podemos hacer a esta andaluza de luz a quien homenajeamos es renovar nuestro compromiso con ese triple objetivo y con la defensa de la independencia —que no equivale a neutralidad— de la Fundación.

Y, cuando pienso en María Ángeles, siempre me vienen al recuerdo, porque parecen escritos para ella, los versos de uno de nuestros más andaluces y, a la vez, más universales poetas:

> «¡Qué dura con las espuelas!
> ¡Qué blanda con las espigas!».

María Jesús Navarro Infante con
María de los Ángeles Infante

LA BANDERA ANDALUZA IZADA EN SU CORAZÓN

María Jesús Navarro Infante

María de los Ángeles era una mujer con entereza para afrontar la vida que le tocó vivir.

Ser una hija criada entre la alegría y la tristeza, educada solo por su madre y el cariño de sus hermanos.

Una esposa joven y feliz, que por desgracia enviudó pronto, asumiendo ser la cabeza familiar que con esfuerzo, trabajo y tesón salió *pa'lante,* haciéndose un nombre en su profesión.

Una madre que creyó en las posibilidades de sus hijos y les proporcionó las situaciones más eficaces para que desarrollaran sus cualidades. Orgullosa de ellos, siempre decía: «A mis hijos les he dado la educación que se merecían». Por desgracia, le tocó vivir uno de los peores acontecimientos que puede sufrir una madre: la muerte de su hija.

Una abuela preocupada por el bienestar de sus nietos, siempre alerta, pero con esa gracia que la caracterizaba, hacía que los momentos que pasaban juntos fueran inolvidables.

Y, debido a su alargada vida, afortunadamente para ella, también conoció a sus bisnietos.

María de los Ángeles era sobre todo una mujer muy femenina, elegante, con estilo y muy educada.

Cómo no evocar en estos momentos aquellos años de mi vida universitaria en el Palacio de San Telmo. Su casa siempre abierta para lo que necesitáramos. Calle Asunción, 45. Yo no tenía nada más que traspasar el puente.

O aquella frase, que me caló hasta el punto de que, desde entonces, procuro ser una mujer bien vestida: «A ver cómo vas a venir vestida, que es en el Parlamento». *Ojú*, y me puse un vestido de gasa, en verde y blanco, que había comprado para una boda. Desde entonces, al ser de su agrado, siempre voy vestida de verde y blanco a todos los actos.

Ella llevaba la bandera izada en su corazón. Y ello le permitió ser una mujer con vocación andaluza, la cual supo transmitir de múltiples modos:

—Participando en momentos trascendentales del proceso autonómico.

—Demandando con su sentimiento andaluz la identidad andaluza que su padre le había legado.

—Difundiendo la memoria y obra de Blas Infante desde la fundación que lleva su nombre.

—Acercando su mensaje en distintos foros, asociaciones e instituciones, siempre desinteresadamente.

—Sintiendo Andalucía.

Sí, ella fue un símbolo para abrir la conciencia al andalucismo. Su siembra ha dado frutos. Gracias.

Francisco Navarro Infante, Alejandro Delmás,
María de los Ángeles infante y Javier Delmás

UNA MUJER ADELANTADA A SU TIEMPO

Francisco Navarro Infante

«Mamaura» —mamá segunda—, hermanita para mi hermana. Mi tía. Fueron tiempos raros, mi feliz infancia que me regaló mi padre Francisco Navarro García, junto al resquemor que me transmitió mi madre María Luisa, siempre recordando a su padre, vil asesinato de las huestes fascistas. Su odio, que lo transmitía diariamente, bien con nosotros o con las vecinas, que también habían sido víctimas del terror franquista. Por la mañana, en que yo iba al colegio que estaba enfrente de casa, se ponía en el cierro y vigilaba para asegurarse de que cantaba el «cara al sol», aunque no lo canté nunca —tengo que agradecer que los maestros siempre respetaron mi decisión—.

Sobre mi tía, qué decir, una mujer adelantada a su tiempo. Primer carné de conducir femenino con su seiscientos. La muerte de mi tío curro, tres niños a su cargo, difícil situación, traslado a Sevilla, *esteticién*, alquiler de habitaciones, todo para poder seguir adelante. Después la Fundación, junto con Álvarez Osorio. El entierro de mi tío Blas en Holanda, donde ella quería hacerse entender en español, pero no había manera. La muerte de su hija María. Su lucha constante por reivindicar la memoria de su padre. Viajes para aquí y para allá, siempre con la compañía de mi primo Javier.

Triunfó, supo como nadie revitalizar y agrandar la figura de su padre, creando una magnífica fundación con andaluces de prestigio, y ahora Blas Infante Pérez es conocido como «padre de la patria andaluza».

En el atril, Manuel Pimentel, en un
acto de homenaje a Blas Infante

SÍMBOLO INFANTIANO ESENCIAL

Manuel Pimentel Siles

Recordar a María de los Ángeles Infante es envolverse en su luz cálida y redentora. Generosa, sonriente, su bonhomía nos unió a todos. Luchó por mantener vivo el recuerdo y el legado de su padre, abriendo sus brazos para acoger a todos los andaluces de buena fe y corazón. Hoy, el escudo, el himno, la autonomía y la bandera de Andalucía, así como el sentimiento andalucista, son herederos luminosos de la visión infantiana que María de los Ángeles supo abonar, defender y compartir desde nuestra querida fundación.

Nadie muere del todo mientras alguien lo recuerda. Y, más allá de la honda huella que dejas en los tuyos, en la Fundación y en quienes te conocieron y trataron, este libro abre la puerta de tu trascendencia ante el azaroso fluir de los tiempos. Así, quien lo lea, descubrirá cómo supiste mantener, desde tu amable calidez, la digna memoria de tu padre, dos veces asesinado, en vida y recuerdo. La resurrección de don Blas se encarnó en tu figura, otorgándole una humanidad que enriqueció a las siempre frías distinciones oficiales e institucionales.

El mundo cambia con rapidez. Nuestra vida del aquí queda determinada, de manera creciente, por las decisiones del allá. ¿Cómo mantener una esencia andaluza —cultural, no racial, al modo infantiano— en estos tiempos de geopolítica desglobalizadora en los que las trompetas bélicas nos empujan a guerras y violencias? No existen respuestas fáciles para las cuestiones complejas, como bien sabemos. Pero sea la que fuere, de nuevo, nuestro lema, «Andalucía por sí, para España y la humanidad», crea un marco de referencia que nos puede orientar y guiar. La fundación que lleva el nombre de tu padre, y que tú encarnaste e impulsaste, redobla su sentido y oportunidad como punto de encuentro para todos los andaluces de bien. Y tú sigues entre nosotros, con tu sonrisa y tu bondad, llamando a la paz, a la concordia y al entendimiento, virtudes aún más necesarias y precisas para el desasosiego del siglo.

Y es justo y necesario este reconocimiento en forma de libro. Libro que debe ir más allá de una muestra de cariño y admiración, para impulsarte como símbolo infantiano esencial. Así te sentimos, así te valoramos, así te juzgará el veredicto de los tiempos a los que convocamos con esta obra hermosa y oportuna.

Sentimos hondamente tu muerte, pero sigues con nosotros, como este cariñoso y admirado homenaje consagra y certifica. Eres una de las grandes, tu obra permanece. Te quedamos agradecidos, de corazón, por tu vida y tu obra ejemplares y motivadoras. Abrazo fortísimo desde esta Andalucía esencial que por siempre te acogerá en su seno.

Fuensanta Plata, primera a la izquierda, en un grupo con María de los Ángeles Infante

VOCACIÓN DE SERVICIO

Fuensanta Plata García

Escribía Gabriela Mistral en su poema «El placer de servir»:

Toda naturaleza es un anhelo de servicio.
Sirve la nube, sirve el viento, sirve el surco.
Donde haya un árbol
que plantar, plántalo tú;
donde haya un esfuerzo
que todos esquivan, hazlo tú.
Sé el que aparta la piedra del
camino, el odio de los corazones

y la dificultad en los problemas.
Hay una alegría en ser sano y
en ser justo, pero hay,
sobre todo, la hermosa,
la inmensa alegría de servir.

¡Qué triste sería el mundo
si todo en él estuviera hecho,
si no hubiera un rosal
que plantar, una empresa que realizar!
Que no te llamen solamente
los trabajos fáciles.
¡Es tan bello hacer lo que otros esquivan!
Pero no caigas en el error
de que sólo se hace mérito
con los grandes trabajos;
hay pequeños servicios que son
buenos servicios: adornar una mesa,
ordenar una casa, unos libros,
peinar a un niño.

Aquel critica;
éste destruye; sé tú el que sirve.
El servir no es faena
sólo de seres inferiores.
Dios que da los frutos y la luz, sirve.
Por eso puede llamársele:
el que sirve.
Y tiene sus ojos fijos en

nuestras manos y nos pregunta
cada día:
¿Serviste hoy? ¿A quién?
¿Al árbol, a tu amigo, a tu madre?

Estos versos siempre me han evocado la permanente e incansable actividad de María Ángeles para difundir el legado de Blas Infante. Ha sido constante su vocación de servicio a Andalucía para dar a conocer la vida, las ideas y las obras de su queridísimo padre. Para ello utilizaba, además de corazón, un gran sentido reivindicativo, tanto de la verdad histórica como de la justicia y la reparación, alcanzando a todas las personas que vieron truncada su vida por defender los ideales de libertad y progreso popular durante la sublevación militar y posterior dictadura.

Quienes la hemos conocido tenemos el privilegio de haber disfrutado de su palabra precisa y su mirada entrañable. Siempre acudió adonde fue llamada para difundir las ideas andalucistas. Vestida de colores cuando la ocasión era festiva, en congresos, jornadas, conmemoraciones del nacimiento de su padre, actos culturales, premios, etc. Pero de luto o medio luto, cada diez de agosto, cuando asistía al aniversario del fusilamiento perpetrado en el kilómetro cuatro de la carretera de Carmona, donde hoy un monumento y la bandera andaluza señalan el lugar exacto.

María Ángeles irradiaba luz, la luz y la esperanza que le habían sido arrebatadas a su padre, y a Andalucía, aquella triste madrugada de 1936. Afortunadamente, ella y su familia, arriesgando sus vidas, mantuvieron el legado material e inmaterial de Infante durante la larga noche del franquismo para ponerlo íntegro a disposición del pueblo andaluz, en los primeros momentos de la transición política. Habían matado a Blas Infante, al padre, al pensador, al revolucionario, al andalucista, pero hoy podemos afirmar que, al igual que Lorca y tantas otras personas imprescindibles, aquellas hordas fascistas no lograron destruir sus obras, ni su memoria, ni la conciencia andalucista.

Doy las gracias a María Ángeles y a su familia por habernos devuelto, intactas, la luz y la esperanza a cada uno, a cada una, de los andaluces y andaluzas. Espero que seamos capaces de continuar el camino trazado con tanto esfuerzo y de alcanzar la transformación de Andalucía en su propio y justo beneficio.

Descansa en paz, querida hermana. Tu misión, tu servicio, los has cumplido con creces.

¡Viva Andalucía libre!

Antonio Manuel y María de los Ángeles Infante

LAS ALAS DE BLAS INFANTE

Antonio Manuel

Cierra los ojos e imagina por un momento que han asesinado a tu padre, a tu madre, a tu hijo, a tu hija, a la persona que más ames en este mundo. Ese dolor que te retuerce el espinazo fue el que sintieron las mujeres que rodearon a Blas Infante desde el día en que le llevaron café y sandía al Cine Jáuregui, donde lo tenían preso, recibiendo de los falangistas dos colchas, un termo, un reloj, una pluma y una alianza. Ya lo habían ejecutado.

Fueron ellas su verdadera infantería. Las que conservaron su memoria en su ausencia. Las que cuidaron durante la dictadura la Casa de la Alegría, el escudo de la puerta, la *arbonaida* en el arcón, los libros y los discos en sus estanterías, sus manuscritos en los cajones… Sin ellas, no brillaría con tanta luz el recuerdo de Blas Infante, como no brilla la noche sin las estrellas. Ellas fueron su mujer, Angustias; su madre, Ginesa; y sus hijas, Luisa, Alegría y, especialmente hoy, María de los Ángeles.

Blas Infante tenía a su madre, Ginesa, en un altar. A ella le dedicó una habitación en Dar al-Farah, su casa de Coria, con inscripciones aljamiadas que decían: «Vivirá en sus nietos la abuela Ginesa. ¡Noble señora Ginesa! Reina Ginesita». Convencido de que la memoria se trasmite por el cordón umbilical de los cuidados de las madres.

A su viuda, Angustias García Parias, se le llenó el cuerpo de manchas negras, como si la piel tomara el color del alma y del luto que llevaba puesto. Perdió tanto peso que aprovechó cada vestido para hacerles otro a las niñas. Y se arruinó con tal de no desprenderse de la Casa de la Alegría, a la que siempre consideró la tumba que le habían negado a su marido. Sembró un jardín de lilas, violetas y pensamientos por donde lo sacaron para que nadie volviera a profanar sus últimos pasos. Como tantas madres en la posguerra, dio de comer a sus hijos tortillas sin huevo con polvos teñidos de amarillo. Y, aunque le repitió a su marido cien veces: «¿Quieres dejar en paz a Andalucía, que no te va a traer más que una tragedia?», fue gracias a ella que conservamos la misma bandera que presidió la manifestación del 4 de diciembre de 1977, y el escudo de la puerta, sin coronas ni laureles.

Blas Infante también fue un buen padre. Para que su hijo y sus niñas aprendieran a escribir, les dictaba: «La amapola es la flor más roja del campo», les regalaba un caballo de madera para explicarles el mito del caballo de Troya, les recitaba cantando la «Luna Lunera» o les narraba las aventuras del Quijote en los azulejos de la casa. Luisa, la mayor, continuó la tarea de su madre al quedarse a vivir en Dar al-Farah cuando ella falleció. La más chica, Alegría, no tuvo tiempo de llamarlo «padre». Y hoy se nos ha ido María de los Ángeles, una mujer de luz que jamás celebró su santo porque fue en ese día cuando arrancaron a su padre de sus brazos para siempre. Ella también perdió a su marido y a su hija, pero jamás el empeño en defender la memoria eterna de Blas Infante, presidiendo la fundación que lleva su nombre y el acto que recuerda su asesinato mientras tuvo un átomo de fuerza y lucidez.

La conocí justo en ese 10 de agosto de 1998. Le regalé el manuscrito de una novela que tenía como protagonista al presunto asesino de su padre, y ella me correspondió con una sonrisa y una bandera de Andalucía firmada de su puño y letra. Esa novela se titulaba *El desmayado vuelo de las cigüeñas*, en alusión al presagio de esperanza que dibujan en el cielo con sus alas. Quién me iba a decir a mí que terminaría siendo patrono de la Fundación Blas Infante. La mañana que recibí su carta, volaban las cigüeñas. Cuando fui a tomar posesión, me detuve en el monumento del kilómetro cuatro de la carretera Sevilla-Carmona, y volaban las cigüeñas. Y esta mañana, al partir hacia al tanatorio de la SE 30, volaban las cigüeñas.

Compartí muchas mañanas, tardes y noches a su lado. Siempre aprendiendo de sus ganas de vivir, de la calma como aliada, de la pasión que ponía defendiendo Andalucía, de la templanza con la que consiguió mantener vivos la figura y el legado de su padre, bebiéndome la luz que irradiaban sus ojos cada vez que lo nombraban. Recuerdo una tarde paseando por Archidona en que, al ver la estatua de Blas Infante, me dijo: «Quizá sea la que más se le parece, la que más me duele, porque caminaba así cuando se lo llevaron el día de mi santo». Y se echó a llorar en mi hombro, como una chiquilla.

Las alas de María de los Ángeles, como las de su abuela, su madre y sus hermanas, sirvieron para elevar a las alturas el nombre, el pensamiento y la obra de Blas Infante. María de los Ángeles mantuvo el vuelo durante años siendo presidenta de la Fundación, acudiendo a cada acto, respondiendo a cada entrevista, siempre cauta y elegante, con la sonrisa tatuada en la cara pero sin renunciar a enseñar los dientes cuando hiciera falta. En los peores momentos de la Fundación, con el ánimo triste, me miraba y me decía: «No puedo dejarlo, recuerdo los ojos de mi padre y no puedo dejarlo». Quizá sean sus ojos lo que más recuerde de María de los Ángeles cuando cierro los míos. Y, mientras la vida me lo permita, igual que hizo ella con la memoria de su padre, intentaré ser cigüeña con sus alas.

Pura Sánchez

«CON LA ALEGRE TRISTEZA DEL OLIVO»

Pura Sánchez

Querida María de los Ángeles: solo me dirigí a ti una vez. Al finalizar un acto en el que habías intervenido, me acerqué y te dije que era un honor saludarte. Me miraste y me sonreíste. Ese es el recuerdo más vivo que guardo de ti: tu sonrisa. Siempre he pensado que debías de ser una mujer muy especial, si eras capaz de sonreír así, y a pesar de todo, como si nunca te hubieras cansado de esperar la alegría...

A medida que te he ido conociendo, sobre todo a través de los ojos de tu hijo Javier, me he dado cuenta de tu temple para conjugar el punto justo de firmeza con la flexibilidad necesaria para no quebrarte. Ese debió de ser el equilibrio que encontraste para resistir.

Resistir la desaparición de los abrazos paternos, inexplicable a tus ojos de niña, mientras ingresabas en la peligrosa categoría de ser la «hija de», en un tiempo en el que eso significaba una condena, un estigma, un señalamiento. Resistir para cuidar: de tu familia, de tu madre envejecida por la pena y el desamparo. Resistir a tu propio desamparo de viuda prematura. Al desamparo contra natura de la pérdida de una hija.

Y, cuando la coyuntura política lo propició, armaste un nuevo trabajo de resistencia, cuidando de esta fundación, preservando su independencia y su autonomía, una tarea impecable, pero nada sencilla, mimando la memoria de tu padre, recorriendo Andalucía para que sus ideas no se agostaran con el viento de la desmemoria y el olvido.

Y, sin perder la sonrisa, fuiste convirtiendo tus afanes diarios de supervivencia en afanes políticos, como una madre cualquiera de la Plaza de Mayo, con lluvia, frío o calor, contra la intemperie a la que condenaron la memoria de tu padre, contra el olvido al que condenaron sus ideas, contra el manto de silencio con el que cubrieron sus huesos.

Con tu manera de hacer, diste un nuevo sentido a ser la «hija de»..., una tradición en las mujeres de tu familia. Tu madre, la «esposa de», ya lo hizo, plantando flores para cegar una vereda, la que tu padre pisó por última vez cuando se lo llevaron de la Casa de la Alegría. Tú lo hiciste, creando el hueco de tu nombre en el calendario de las celebraciones, como una piedra indeleble en tu memoria.

Como los rosales de doña Angustias, tu sonrisa florecida ha sido el símbolo de tu memoria tenaz y de tu empeño político por cuidar la vida y la memoria de los tuyos, con Andalucía como norte y brújula de tus afanes. Gracias por enseñarnos que la sonrisa, como las flores, puede florecer para cerrar el paso a los antiguos tanto como a los nuevos verdugos.

Y así te recordaré siempre, María de los Ángeles, sonriendo «con la alegre tristeza del olivo», sin cansarte nunca de esperar la alegría.

Antonio Manuel y Miguel Santiago

SENTIR ANDALUCÍA PARA HACER POR ELLA

Miguel Santiago Losada

«Cuando hablo de mi padre me salen las palabras, los sentimientos, a borbotones [...]. Siempre he dicho que, aunque no hubiese sido hija suya, lo hubiese admirado intensamente conociendo su vida, su forma de ser, noble y abnegada, y esa preocupación constante por todos y por todo», recordaba María de los Ángeles en 1977 cuando aún estaba casi todo por hacer. Titánica fue su lucha para reivindicar el legado olvidado de Blas Infante durante la dictadura franquista. Al igual que su padre, nunca perdió la firmeza y el sentido de la responsabilidad ante las dificultades.

Personalmente, no llegué a conocerla, pero admiro su vida, su lucha y su compromiso con Andalucía.

Con tan solo seis años se lo quitaron, nos lo quitaron. «Ya sabes, padre, que nunca más volví a celebrar mi día, porque unos hombres de camisa azul y pantalón negro acabarían con la paz y la esperanza viva de nuestras vidas». A pesar de haber padecido tan pequeñita esta profunda herida en su alma, la presidenta de esta fundación demostró su máxima dignidad cuando llegó a decir que se perdona con mucho trabajo, aunque no se olvida. Cada uno de noviembre ofrecía un ramo de flores a todos los represaliados de la fosa común donde se encuentran los restos de Infante.

Al grito de «¡Viva Andalucía libre!» lo fusilaron, pero no lo abatieron ni humillaron. Ella recuperó la voz dormida de él. Prestó su voz a las ideas y pensamientos escritos por su padre. Sus entrañas guardaban la más bella frase que recordaba de él: «Yo tengo clavada en la conciencia, desde mi infancia, la visión sombría del jornalero. Yo he visto pasear su hambre por las calles del pueblo, confundiendo su agonía con la agonía triste de las tardes invernales».

Recorrió Andalucía desde Ayamonte hasta Almería para llevar el deseo de su padre y el suyo propio de unir a todas las personas andaluzas en una sola patria, en una sola «matria». Como bien decía: «Nunca estuvo más alta la dignidad de Andalucía». En uno de esos viajes, en el Corral del Carbón de Granada, se le acercó un hombre de cuarenta y cinco años para que le firmase un libro sobre su padre: «Usted firme el libro a mi hijo de cinco años [...]. Yo me fui de Andalucía para buscarme la vida y trabajé de peón albañil, lo máximo a lo que podía aspirar un andaluz [...]. Cuando leí el *Ideal andaluz* me di cuenta de que los y las mejores nacen en Andalucía. Mi hijo de cinco años lo sabe ya».

A los ignorantes que no conocen, ni aman, ni defienden, les recordó: «Mi padre sacó la carrera de Derecho en dos años, excelente *curriculum*, y las oposiciones a los veinticuatro años. Hay que sentir Andalucía para hacer por ella».

María Ángeles fue una mujer con coraje, que sola, tras la muerte de su marido, levantó su casa. Fue una mujer que reivindicó la memoria del legado andalucista. Fue una mujer que no se vendió a ningún precio para preservar el legado de su padre y a esta Fundación. Fue una mujer empoderada que vio cumplidos dos de sus grandes sueños: la creación de la Fundación Blas Infante y el nombramiento de Blas Infante como padre de la patria andaluza.

Sin padre, no hay patria andaluza; y sin madre, no hay «matria» andaluza. Gracias por tu vida.

IN MEMORIAM

Además de María de los Angeles Infante, ya no están con nosotros en el patronato de la Fundación Pedro Ruiz Berdejo, Manuel Clavero, Salvador Távora, Juan Antonio Lacomba y Manuel Herrera, andaluces de conciencia que honraron y difundieron la figura de Blas Infante, su vida y su obra. Nuestro recuerdo aquí para ellos.

Manuel Herrera, Manuel Clavero y
María de los Angeles Infante

María de los Angeles Infante y Salvador Távora

Juan Antonio Lacomba,
María de los Angeles Infante y Pedro Ruiz Berdejo